# D*ictionary*

## *ENGLISH-*
## *INDONESIAN*

## *INDONESIAN-*
## *ENGLISH*

PERIPLUS

ISBN: 0-945971-66-4

Distributors:
Indonesia
*PT. Java Books Indonesia*
Jl. Gading Kirana I, Blok A 14 No. 17,
Kelapa Gading Kirana Jakarta 14240
Tel: (021) 451 5351 Fax: (021) 453 4987

Japan
*Tuttle Publishing*
RK Bldg. 2nd Floor 2-13-10 Shimo-Meguro,
Meguro-Ku Tokyo 153 0064
Tel: (03) 5437-0171 Fax: (03) 5437 0755

Asia Pacific
*Berkeley Books Pte. Ltd.*
5 Little Road, #08-01, Singapore 536983
Tel: (65) 280 1330 Fax: (65) 280 6290

USA, Canada, Latin Amerika, UK and Europe
*Charles E. Tuttle Co., Inc.*
RRI Box 231-5, North Clarendon, VT 05759-9700
Tel: (802) 773 8930 Fax: (802) 773 6993

*Twelve Printing, November 2000*
Printed in Indonesia

# **Contents**

# Introduction

This dictionary contains all of the 2,000 or so Indonesian words that are most commonly encountered in colloquial, everyday speech. For the sake of clarity, only the common Indonesian equivalents for each English word have been given.

Note that Indonesian verbs are always listed alphabetically according to their simple root forms. The simple verb root is then followed by common affixed forms with the same meaning, if any.

Complex verb forms with prefixes and suffixes attached are only given in cases where these are commonly found in colloquial speech. This is because a majority of complex verb forms are used only in formal speech and in written Indonesian.

Nouns derived from simple roots through the addition of prefixes and suffixes are always listed separately from their root words, however.

Words borrowed from English have generally been omitted from the Indonesian-English Dictionary section, as these are easily understood by most native English speakers.

# Pronunciation and Spelling Guide

To learn to pronounce the language correctly, ask a native speaker to read aloud some of the examples given in this section. Then try to imitate his or her pronunciation as accurately as you can. Be aware, however, that there are many dialectical variations in Indonesian, some producing very strong accents. Stress also varies from region to region. In Sumatra (and incidentally among the Malays of Malaysia) stress is generally placed on the penultimate syllable, whereas the Javanese and many other Indonesians stress the final syllable of a word.

Unlike English, the spelling of Indonesian is consistently phonetic. Many people say the pronunciation is similar to Spanish or Italian.

## Consonants

Most are pronounced roughly as in English. The main exceptions are as follows:

***c*** is pronounced "ch" (formerly spelled "tj")
    ***cari*** to look for, seek    ***cinta*** to love

***g*** is always hard, as in "girl"
    ***guna*** to use    ***gila*** crazy

***h*** is very soft, and often not pronounced
    ***habis*** ⇒ *abis* finished    ***hidup*** ⇒ *idup* to live
    ***sudah*** ⇒ *suda* already    ***mudah*** ⇒ *muda* easy
    ***lihat*** ⇒ *liat* to see    ***tahu*** ⇒ *tau* to know

| | | |
|---|---|---|
| *kh* | is found in words of Arabic derivation, and sounds like a hard "k" | |
| |     ***khabar*** news | ***khusus*** special |
| *ng* | is is always soft, as in "hanger" | |
| |     ***dengar*** to hear | ***hilang*** lost |
| *ngg* | is always hard, as in "hunger" | |
| |     ***ganggu*** to bother | ***mangga*** mango |
| *r* | is trilled or rolled, as in Spanish | |
| |     ***ratus*** hundred | ***baru*** new |

### Vowels

As in English, there are five written vowels (a, e, i, o, u) and two diphthongs (ai, au):

| | | |
|---|---|---|
| *a* | is very short, like the a in "father": | |
| |     ***satu*** one | ***bayar*** to pay |
| *e* | is usually unaccented, like the u in "but": | |
| |     ***empat*** four | ***beli*** to buy |

When stressed, or at the end of a word, however, *e* sounds like the "é" in "passé":

    ***desa*** village         ***cabe*** chili pepper

| | | |
|---|---|---|
| *i* | is long like the "ea" in "bean": | |
| |     ***tiga*** three | ***lima*** five |
| *o* | is long, as in "so": | |
| |     ***bodoh*** stupid | ***boleh*** may |
| *u* | is long like the "u" in "humor": | |
| |     ***tujuh*** seven | ***untuk*** for |
| *au* | is like the "ow" in "how": | |
| |     ***atau*** or | ***pulau*** island |
| *ai* | is pronounced like the word "eye": | |
| |     ***pantai*** beach | ***sampai*** to reach |

# English-Indonesian Dictionary

## A

**able to** bisa

**about (approximately)** kira-kira, sekitar

**about (regarding)** tentang, mengenai

**above, upstairs** di atas

**accident** kecelakaan

**accidently, by chance** kebetulan

**accommodation** penginapan

**accompany, to** ikut, mendampingi

**according to** menurut

**acquainted, to be** kenal, mengenal

**across from** seberang

**act, to** tindak, bertindak

**action** tindakan

**active** giat

**activity** kegiatan

**add to** tambah, menambah

**address** alamat

**admit, confess** akui, mengakui

**advance money, deposit** uang muka

**advance, go forward** maju

**afraid** takut, ngeri

**after** sesudah, setelah

**afternoon (3 pm to dusk)** sore

**afternoon (midday)** siang

**afterwards, then** kemudian

**again** lagi

**age** umur

**agree to do something, to** janji, berjanji

**agree, to** setujui, menyetujui

**agreed!** setuju! jadi!

**agreement** perjanjian, persetujuan

**air** udara

**airplane** pesawat, kapal terbang

**alive** hidup

**all** semua, seluruh, segala

**alley, lane** gang

**allow, permit** biarkan, perbolehkan

**allowed to ( = may)** boleh

**almost** hampir

**alone** sendiri, sendirian

**already** sudah

**also** juga

**ambassador** duta besar

**among** antara, di antara

**amount** jumlah, sejumlah

**ancient** kuno

**and** dan

**angle** segi

**angry** marah

**animal** binatang

**annoyed** kesal

**answer the phone** angkat telpon

**answer, response (spoken)** jawaban

**answer, to respond (a letter)** balas, membalas

**answer, to respond (spoken)** jawab, menjawab

**ape** kera, monyet

**appear, to** muncul, memuncul; timbul, menimbul

**appearance, looks** rupa, penampilan

**apple** apel

**approach, to (in space)** mendekati

**approach, to (in time)** menjelang

**approximately** kira-kira, sekitar

**April** april

**area** wilayah, daerah

**arena** gelanggang

**arm, hand** lengan

**army** tentara

**around (approximately)** kira-kira, sekitar

**around (nearby)** dekat

**around (surrounding)** sekeliling, di sekitar

**arrange, to** atur, mengatur; urus, mengurus

**arrangements, planning** perencanaan

**arrival** ketibaan, kedatangan

**arrive, to** tiba, datang

**art** seni

**artist** seniman

**ashamed, embarrassed** malu

**ask about, to** tanyakan, menanyakan

**ask for, request** minta, meminta

**ask, to** tanya, menanya

**assemble, gather** kumpul, berkumpul

**assemble, put together** pasang, memasang

**assist, to** bantu, membantu

**assistance** bantuan
**astonished** kaget, heran
**at** di
**atmosphere, ambience** suasana
**attain, reach** capai, mencapai, sampai, menyampai
**attend, to** hadir
**attitude** sikap
**auction, to** lelang, melelang
**auctioned off** dilelang
**August** agustus
**aunt** bibi, tante
**authority, person in charge** orang yang berwajib
**authority, power** kekuasaan
**automobile** mobil
**available** sedia, tersedia
**available, to make** sediakan, menyediakan
**average (numbers)** rata-rata
**average (so-so, just okay)** lumayan, sedang
**awake, to** bangun, membangun
**awaken, to** membangunkan
**aware** sadar
**awareness** kesadaran

# B

**baby** bayi
**back** belakang
**back of** di belakang
**back up, to** mundur, ngatret
**backwards, reversed** terbalik
**bad** jelek
**bad luck** celaka, malang
**bag** tas
**baggage** bagasi, kopor
**ball** bola
**banana** pisang
**bargain, to** tawar, menawar
**base, foundation** dasar
**based on** berdasar
**basic** yang dasar, umum
**basis** dasar
**basket** keranjang
**bath** mandi
**bathe, to take a bath** mandi
**bathroom** kamar mandi, WC ("way-say")
**bay** teluk
**be, exist, have** ada
**beach** pantai
**bean** kacang
**beat (to defeat)** kalahkan, mengalahkan
**beat (to strike)** pukul

**beautiful (of people)** cakap, cantik

**beautiful (of places)** indah

**beautiful (of things)** bagus

**because** karena, sebab

**become, to** jadi, menjadi

**bed** tempat tidur

**bedroom** kamar tidur

**bedsheet** seprei

**beef** daging sapi

**before (in front of)** di depan, di muka

**before (in time)** sebelum

**beforehand, earlier** dulu

**begin, to** mulai, memulai

**beginning** permulaan

**beginning, in the** pada permulaan

**behind** di belakang

**belief, faith** kepercayaan

**believe, to** percaya, yakin

**below, downstairs** di bawah

**belt** sabuk

**best** paling baik, paling bagus

**better** lebih baik, lebih bagus

**between** antara

**bicycle** sepeda

**big (area)** luas

**big (size)** besar

**bill** bon, rekening

**billion** milyar

**bird** burung

**birth, to give** melahirkan

**birthday** hari ulang tahun

**bitter** pahit

**black** hitam

**blanket** selimut

**blood** darah

**blossom** kembang

**blouse** blus

**blue** biru

**boat** perahu

**body** badan, tubuh

**boil, to** merebus

**boiled** rebus

**bone** tulang

**book** buku

**border, edge** perbatasan, pinggir

**bored** bosan

**boring** membosankan

**born** lahir

**borrow, to** pinjam, meminjam

**botanic gardens** kebun raya, taman raya

**both** dua-duanya, keduanya

**bother, disturb** ganggu, mengganggu

**bother, disturbance** gangguan

**boundary, border** perbatasan

**bowl** mangkok

box (cardboard) kardos, dos

box kotak

boy anak laki-laki

boyfriend pacar

bracelet gelang

branch cabang

brand cap, merek

brave, daring berani

bread roti

break apart, to bongkar, membongkar

break down, to (of cars, machines) mogok

break off, to putus

break up, divorce cerai

break, shatter pecah, pecahkan, memecahkan

bridge jembatan

bring, to bawa, membawa

broad, spacious luas

broadcast, program siaran

broadcast, to siarkan, menyiarkan

broken off putus

broken, does not work, spoiled rusak

broken, shattered pecah

broken, snapped (of bones, etc.) patah

broom sapu

broth, soup kuah

brother saudara

brother, older kakak

brother, younger adik

brother-in-law ipar

brown coklat

brush sikat

brush, to sikat, menyikat, gosok, menggosok

buffalo (water buffalo) kerbau

build, to bangun, membangun

building gedung

burn, burnt bakar

burned down, out terbakar

bus bis

bus station terminal bis

business bisnis, perdagangan

businessman pedagang

busy, crowded ramai

busy, to be sibuk

but tetapi

butter mentega

butterfly kupu-kupu

buy beli, membeli

## C

cabbage kol

cabbage, Chinese caisin

cake, pastry kue

call on the telephone menelpon

call, summon panggil, memanggil

calm tenang

**can, be able to** bisa
**can, tin** kaleng
**cancel** batal, membatalkan
**candle** lilin
**candy** permen
**capable of, to be** sanggup
**capture, to** tangkap, menangkap
**car, automobile** mobil
**card** kartu
**care for, love** sayang, mencintai
**care of, to take** mengasuh, mengawasi
**careful!** hati-hati!, awas!
**carrot** wortel
**carry, to** bawa, membawa
**cart (horsecart)** dokar
**cart (pushcart)** grobag, kereta
**carve, to** ukir, mengukir
**carving** ukiran
**cash money** uang tunai, kontan, kash
**cash a check, to** uangkan
**cast, throw out** buang, membuang
**cat** kucing
**catch, to** tangkap, menangkap
**cauliflower** kembang kol
**cave** gua
**celebrate, to** merayakan

**celery** seledri
**center** pusat, tengah
**central** pusat
**ceremony** upacara
**certain** pasti, tentu
**certainly!** memang!
**chain** rantai
**chair** kursi
**challenge** tantangan
**champion** juara
**chance, to have an opportunity to** sempat
**chance, by accident** kebetulan
**chance, opportunity** kesempatan
**change, small** uang kecil
**change, to (conditions, situations, one's mind)** berubah
**change, exchange (money, opinions)** tukar, menukar
**change, switch (clothes, things)** ganti, mengganti
**character** watak
**characteristic** sifat
**chase away, chase out** usir, mengusir
**chase, to** kejar, mengejar
**cheap** murah
**cheat, someone who cheats** penipu
**cheat, to** tipu, menipu
**cheek** pipi

**cheese** keju
**chess** catur
**chest (box)** peti
**chest (breast)** dada
**chicken** ayam
**child** anak
**chili pepper** cabe, lombok
**chili sauce** sambal
**chocolate** coklat
**choice** pilihan
**choose, to** pilih, memilih
**chopsticks** sumpit
**church** gereja
**cigarette** rokok
**cinema** bioskop
**citizen** warga negara
**citrus** jeruk
**city** kota
**clarification** penjelasan
**clarify, to** menjelaskan
**class, category** golongan, tipe
**classes (at university)** kuliah, mata pelajaran
**clean** bersih
**clean, to** bersihkan, membersihkan, bikin bersih
**cleanliness** kebersihan
**clear** jelas, terang
**clear (of weather)** cerah, terang
**clever** cerdik, pintar
**climate** iklim

**climb onto, into** naik
**climb up (of hills, mountains)** mendaki
**clock** jam
**close together, tight** rapat
**close to, nearby** dekat
**close, to cover** menutup
**closed** tutup
**cloth** kain
**clothes, clothing** pakaian
**cloudy, overcast** mendung
**clove** cengkeh
**clove cigarette** kretek
**coarse, to be** kasar
**coconut** kelapa
**coffee** kopi
**cold, flu** pilek, masuk angin, flu
**cold** dingin
**colleague** rekan
**collect payment, to** tagih, menagih
**color** warna
**comb** sisir
**come in, to** masuk
**come on, let's go** ayo, mari
**come, to** datang
**command, order** perintah
**command, to** perintah, memerintah
**company** perusahaan
**compare, to** membandingkan

compared to dibandingkan

compatible cocok

compete, to menyaingi

competition saingan

complain, to mengeluh

complaint keluhan

complete, finish something
selesaikan, menyelesaikan

complete, to be lengkap

complete, to make
lengkapi, melengkapi

completed, finished selesai

complicated rumit

compose, write (letters,
books, music) karang,
mengarang

composition, writings
karangan

concerning tentang,
mengenai

condition (pre-condition)
syarat

condition (status) keadaan

confidence kepercayaan

confidence, to have percaya

confuse, to keliru

confused (in a mess) kacau

confused (mentally)
bingung

confusing
membingungkan

congratulations! selamat!

connect together, to
sambung, menyambung

connection hubungan,
sambungan

conscious of, to be sadari,
menyadari

conscious sadar

consider (to have an opin-
ion) anggap, menganggap

consider (to think over)
timbangkan,
pertimbangkan

consult, talk over with run-
dingkan, merundingkan

contact, connection
hubungan

contact, get in touch with
hubungi, menghubungi

continue, to teruskan,
meneruskan

cook, to masak, memasak

cooked, ripe masak, matang

cookie kue

cooking, cuisine masakan

cool sejuk

coral rock batu karang

corn jagung

cost (expense) ongkos, biaya

cost (price) harga

cotton kapas

cough batuk

count, reckon hitung,
menghitung

counter, window (for
paying money, buying
tickets) loket

country negara

**cover, to** tutup, menutup
**crab** kepiting
**cracked** retak
**cracker, bisquit** biskuit
**crafts** kerajinan
**craftsman** tukang
**crate** peti
**crazy** gila
**criminal** penjahat
**crowded** ramai
**cruel** kejam, bengis
**cry out, to** teriak, berteriak
**cry, to** tangis, menangis
**cucumber** timun
**culture** kebudayaan
**cup** cangkir
**cured,well** sembuh
**custom, tradition** adat
**customer** langganan
**cut, slice** potongan
**cut, to** potong, memotong

# D

**dance** tarian
**dance, to** tari, menari
**danger** bahaya
**dangerous** berbahaya
**daring, brave** berani
**dark** gelap
**date (of the month)** tanggal
**daughter** anak perempuan
**daughter-in-law** menantu

**day** hari
**day after tomorrow** lusa
**daybreak** fajar
**dazed, dizzy** pusing
**dead** mati
**debt** utang
**deceive, to** tipu. menipu
**December** desember
**decide, to** memutuskan
**decision** keputusan
**decrease, to** kurang, kurangi, mengurangi
**deer** rusa
**defeat, to** kalahkan, mengalahkan
**defecate, to** buang air besar, berak
**defect** cacat
**degree, level** nilai
**degrees (temperature)** derajat
**delicious** sedap, enak
**demand, to** tuntut, menuntut
**depart, to** berangkat, tinggal, pergi
**depend on, to** tergantung
**deposit, leave behind with someone** titip, menitip
**deposit, put money in the bank** inkaso
**describe, to** gambarkan, menggambarkan
**desire** kemauan, nafsu

**desire, to** ingin, kepingin
**destination** tujuan
**destroy, to** hancurkan, menghancurkan
**destroyed, ruined** hancur
**determined, stubborn** nekad
**develop, to** berkembang
**develop, to (film)** cuci, mencuci
**development** perkembangan
**diamond** intan
**dictionary** kamus
**die, to** mati, meninggal
**difference (discrepancy in figures)** selisih
**difference (in quality)** perbedaan, beda
**different, other** lain
**difficult** sukar, sulit
**dipper, ladle** gayung
**direct, non-stop** langsung
**direction** jurusan, arah
**dirt, filth** kotoran
**dirty** kotor
**disaster, disasterous** celaka
**discrepancy** selisih
**discuss, to** bicarakan, membicarakan
**discussion** pembicaraan
**display** pajangan
**display, to** pajangkan, memajangkan

**distance** jarak
**disturb, to** ganggu, mengganggu
**disturbance** gangguan
**divide, split up** bagi-bagi, membagi
**division** pembagian
**divorce, to** bercerai
**divorced** cerai
**dizzy, ill** pusing
**do not!** jangan!
**do one's best** berusaha
**do, perform an action** melakukan
**doctor** docter
**document, letter** surat
**dog** anjing
**dolphin** lumba-lumba
**done (cooked)** masak, matang
**done (finished)** selesai
**door** pintu
**doubt something, to** ragu-ragu, meragukan
**doubtful** ragu-ragu
**down, to come or go down, get off** turun, menurun
**down, to take down** turunkan, menurunkan
**downtown** pusat kota, tengah kota
**draw, to** gambar, menggambar
**drawer** laci

**drawing** gambar
**dream** impian, mimpi
**dream, to** mimpi, bermimpi
**dress, skirt** rok
**dressed, to get**
  berpakaian, ganti baju
**drink, refreshment**
  minuman
**drink, to** minum
**drive, to (a car)**
  menyopir, setir
**driver** sopir
**drowned** tenggelam
**drug, medicine** obat
**drugstore** apotik
**drunk** mabuk
**dry** kering
**dry (weather)** kemarau
**dry out (in the sun)** jemur
**duck** bebek
**dusk** senja
**dust** debu
**duty (import tax)** bea cukai
**duty (responsibility)**
  kewajiban, tugas

**E**

**each, every** setiap, tiap-tiap
**ear** kuping, telinga
**earlier, beforehand** dulu
**early** awal
**early in the morning**
  pagi-pagi

**Earth, the World** bumi
**earth, soil** tanah
**east** timur
**easy** gampang, mudah
**eat, to** makan
**echo** gema
**economical** hemat
**economy** ekonomi
**edge** pinggir, batas
**educate, to** didik,
  mendidik
**education** pendidikan
**effort** usaha
**effort, to make an** berusaha
**egg** telur
**eggplant** terong
**eight** delapan
**electric, electricity** listrik
**elephant** gajah
**eleven** sebelas
**embarrassed** malu
**embarrassing** memalukan
**embassy** kedutaan besar
  (kedubes)
**emergency** darurat
**empty** kosong
**end, tip** ujung
**enemy** musuh
**energy** tenaga
**enlarge, to** besarkan,
  membesarkan
**enough** cukup
**enter, to** masuk

**entire** seluruh
**entirety, whole** keseluruhan
**envelope** sampul
**envy, envious** iri hati
**equal** seimbang, sama
**equality** keseimbangan, persamaan
**especially** khusus
**establish, set up** mendirikan
**estimate, to** tafsir, menafsir
**ethnic group** bangsa, suku bangsa
**even (also)** juga
**even (smooth)** rata
**ever, have already** pernah
**every kind of** segala macam
**every** tiap, segala
**every time** tiap kali
**exact, exactly** tepat
**exactly! just so!** persis!
**exam, test** ujian
**examine, to** periksa, memeriksa
**example** umpama, misal
**example, for** umpamanya, misalnya
**except** kecuali
**exchange rate** kurs
**exchange, to (money, opinions)** tukar, menukar
**excuse me!** permisi!
**exit** keluar

**expand, grow larger** berkembang
**expect, to** harapkan, mengharapkan
**expect, to** mengharap
**expense** biaya
**expensive** mahal
**expensive** mahal
**expert** ahli
**express, state** ucapkan, mengucapkan
**extend, to** perpanjang, memperpanjangkan
**extremely** sangat
**eye** mata
**eyeglasses** kacamata

# F

**face** muka
**face, to** hadapi, menghadapi
**fail, to** gagal
**failure** kegagalan
**fall (season)** musim gugur
**fall, to** jatuh
**false (imitation)** tiruan
**false (not true)** keliru
**falsify, to** tiru, meniru
**family** keluarga
**fan (admirer)** penggemar
**fan (used for cooling)** kipas
**fancy** mewah
**far** jauh

**fart, to** kentut
**fast** cepat, lekas
**fat, grease** lemak
**fat, to be** gemuk
**father** bapak, ayah
**father-in-law** mertua
**fault, to** salahkan, menyalahkan
**fear** takut
**February** februari
**feel, to** rasa, merasa
**feeling** perasaan, rasa
**fertile** subur
**fever** demam
**field, empty space** lapangan
**fierce** galak
**fight over, to** merebut
**fight, to (physically)** bertengkar
**fill, to** isi, mengisi
**film** filem
**filter** saringan
**filter, to** saring, menyaring
**find, to** temukan, bertemu, ketemu
**finger** jari
**fingernail** kuku
**finish off, to** habiskan
**finish** selesaikan, menyelesaikan
**finished (completed)** selesai

**finished (no more)** habis
**fire** api
**fire someone, to** pecat, pecatkan
**first** pertama
**first, earlier, beforehand** dulu
**fish** ikan
**fish, to** pancing, memancing
**fit, to** pas
**fitting, suitable** cocok
**five** lima
**fix, to (a time, appointment)** menentukan
**fix, to (repair)** betulkan, membetulkan
**flag** bendera
**flood** banjir
**floor** lantai
**flour** tepung
**flower** bunga, kembang
**flu** pilek, flu
**fluent** lancar
**flute** suling
**fly (insect)** lalat
**fly, to** terbang, menerbang
**follow along, to** ikut
**follow behind, to** menyusul
**following** berikut
**fond of, to be** sayang, menyayangi

**food** makanan
**foot** kaki
**for** untuk, demi, bagi
**forbid, to** melarang
**forbidden** dilarang
**force** daya
**force, to** paksa, memaksa
**foreign** asing
**foreigner** orang asing
**forest** hutan
**forget about, to** melupakan
**forget, to** lupa
**forgive, to** mengampuni
**forgiveness, mercy** ampun
**forgotten** terlupa
**fork** garpu
**form (shape)** bentuk
**form (to fill out)** formulir
**fortress** benteng
**four** empat
**free of charge** gratis, cuma-cuma
**free of restraints** bebas
**free, independent** merdeka
**freedom** kemerdekaan
**fresh** segar
**Friday** Jumat
**fried** goreng
**friend** kawan, teman
**friendly, outgoing** ramah
**from** dari
**front** depan, muka

**fruit** buah
**fry, to** goreng, menggoreng
**full** penuh
**full, eaten one's fill** kenyang
**fullfill, to** penuhi, memenuhi
**function, to work** jalan, berjalan
**funds, funding** dana
**fungus** jamur
**funny** lucu

# G

**gamble** judi, berjudi
**garage (for repairs)** bengkel
**garage (for a car)** garasi
**garbage** sampah
**garden** taman, kebun
**garlic** bawang putih
**gasoline** bensin
**gasoline station** pompa bensin
**gather, to** kumpul, mengumpul
**gender** kelamin
**general, all-purpose** umum
**generally** pada umumnya
**gentle** lembut
**get, receive** dapat, mendapat
**ghost** hantu
**gift** hadiah, kado
**girl** gadis, anak perempuan

**girlfriend** pacar
**give** beri, memberi; kasih, mengasih
**glass (for drinking)** gelas
**glass (material)** kaca
**go along, join in** ikut, mengikuti
**go around** keliling
**go back** balik, berbalik
**go down, get off** turun
**go for a walk** jalan-jalan
**go home** pulang
**go out, exit** keluar
**go** pergi, jalan
**go up, climb** naik
**goal** tujuan
**goat** kambing
**God** Tuhan
**god** dewa
**goddess** dewi
**gold** emas, mas
**gone, finished** habis
**good** baik, bagus
**government** pemerintah
**grand, great** hebat
**grandchild** cucu
**grandfather** kakek
**grandmother** nenek
**grape** anggur
**grass** rumput
**grave** kuburan, makam
**gray** abu-abu
**great, formidable** hebat

**green** hijau
**green beans** buncis
**greet, to receive** sambut, menyambut
**greetings** salam
**grill, to** panggang, memanggang
**grow larger, to** berkembang, membesar
**grow, to (intransitive)** tumbuh, bertumbuh
**grow, plant** tanam, menanam
**guarantee** jaminan
**guarantee, to** jamin, menjamin
**guard, to** jaga, menjaga
**guess, to** mengira, tafsir
**guest** tamu
**guide, lead** antar, mengantar
**guidebook** buku petunjuk

# H

**hair** rambut
**half** setengah, separuh
**hall** ruang
**hand (also wrist, forearm)** tangan
**handicap** cacat
**handicraft** kerajinan
**handsome** cakap
**hang, to** gantung, menggantung

**happen, occur** terjadi

**happened, what happened?** apa yang terjadi?

**happening, incident** kejadian

**happy** bahagia, gembira

**hard (difficult)** sukar, sulit

**hard (solid)** keras

**hardworking, industrious** rajin

**harmonious** rukun

**hat** topi

**have been, ever** pernah

**have, own, belong to** punya

**he** dia

**head** kepala

**healthy** sehat

**hear, to** dengar

**heart** hati, jantung

**heavy** berat

**help, to** tolong, menolong; bantu, membantu

**her** dia

**here** sini, di sini

**hidden** tersembunyi

**hide, to** menyembunyikan

**high** tinggi

**hill** bukit

**him** dia

**hinder, to** menghambat

**hindrance** hambatan

**history** sejarah

**hit, strike** pukul, memukul

**hold back, to** tahan, bertahan

**hold onto, grasp** pegang, memegang

**hole** lobang

**holiday** libur

**holy** keramat

**home, house** rumah

**honey** madu

**hope, to** harap, berharap

**horse** kuda

**hospital** rumah sakit

**hot (spicy)** pedas

**hot (temperature)** panas

**hot spring** mata air panas

**hour** jam

**house** rumah

**how are you?** apa kabar?

**how many?** berapa banyak?

**how much?** berapa?

**how?** bagaimana?

**human** manusia

**humane** manusiawi

**humorous** lucu

**hundred** ratus

**hungry** lapar

**hurt (injured)** luka

**hurt (to cause pain)** sakit

**husband** suami

**hut, shack** pondok, gubug

I saya
ice es
if kalau, jika
imagine, to bayangkan, membayangkan
importance, important matters kepentingan
important penting
impossible tidak mungkin
impression kesan, pesona
impression, to make an mengesankan, mempesonakan
in (time, years) pada
in order that, so that agar, supaya
in, at (space) di
included, including termasuk
increase, to bertambah, tambah banyak
indeed! memang!
indigenous asli
influence pengaruh
influence, to mempengaruhi
influenze pilek, flu
inform, to terangkan, beritahu, memberitahukan
information keterangan
information booth penerangan
inhale, to isap, mengisap

inject, to menyuntik
injection suntik
injury, injured luka
inside dalam
inside of di dalam
inspect, to periksa, memeriksa
instruct, send to do something suruh, menyuruh
insult penghinaan
insult someone, to menghina
insurance asuransi
intend, to hendak, bermaksud
intended for ditujukan kepada
intention maksud
interest (paid to a bank) bunga
interest (paid by a bank) jasa giro
interesting menarik
intersection simpangan
into ke dalam
invitation undangan
invite, to (ask along) ajak
invite, to (formally) undang
involve, to melibatkan
involved terlibat
iron besi
iron, to (clothing) gosok, menggosok

**is** adalah, merupakan
**island** pulau
**it** ini, itu
**item** barang
**ivory** gading

## J

**jail** penjara
**jam** selai, sele
**January** januari
**jealous** cemburu
**job** pekerjaan, tugas
**join together, to** sambung, gabung
**join, go along** ikut, mengikuti
**journalist** wartawan
**Juli** juli
**jump, to** lompat, melompat
**June** juni
**jungle** hutan
**just now** baru saja, baru tadi
**just, only** cuma, hanya, saja

## K

**keep, to** simpan, menyimpan
**key** kunci
**kill, murder** membunuh
**kind, good (of persons)** baik hati
**kind, type** macam, jenis
**king** raja

**kiss** cium, mencium
**kitchen** dapur
**knife** pisau
**knock, to** ketuk, mengetuk
**know, to** tahu
**know, be acquainted with** kenal, mengenal
**knowledge** pengetahuan

## L

**ladle, dipper** gayung
**lady** wanita
**lake** danau
**lamb, mutton** daging kambing
**lamp** lampu
**land** tanah
**land, to (a plane)** mendarat
**lane (of a highway)** jalur
**lane (alleyway)** gang
**language** bahasa
**large** besar
**last night** tadi malam
**last** terakhir
**late at night** malam-malam
**late** terlambat, telat
**later** nanti
**laugh at, to** ketawakan, menertawakan
**laugh, to** tertawa, ketawa
**lavish, fancy** mewah
**laws, legislation** undang-undang, hukum

**layer** lapisan
**lazy** malas
**lead (to be a leader)** memimpin
**lead (to guide someone somewhere)** antar, mengantar
**leader** pemimpin
**leaf** daun
**leather** kulit
**leave behind by accident** ketinggalan
**leave behind on purpose** tinggalkan, meninggalkan
**leave behind for safe-keeping** titip, menitip
**leave, depart** pergi, berangkat, tinggal
**lecture** ceramah, kuliah
**lecturer (at university)** dosen
**left side** kiri
**leg (also foot)** kaki
**lend, to** pinjami, meminjamkan
**less** kurang
**lessen, reduce** mengurangi
**lesson** pelajaran
**let someone know, to** beritahu, kasih tahu
**let, allow** biar, membiarkan
**letter** surat
**level (even, flat)** rata

**level (height)** ketinggian
**level (standard)** nilai
**license (for driving)** sim, surat ijin mengemudi
**license, permit** ijin
**lie down, to** baring, tidur
**lie, tell a falsehood** bohong
**life** nyawa
**lifetime** kehidupan
**lift** angkat, mengangkat
**light (bright)** terang
**light (lamp)** lampu
**light bulb** bola lampu
**lightning** kilat
**lightweight** ringan, enteng
**like, as** seperti
**like, be pleased by** senang, suka
**line** garis
**line up, to** antre
**list** daftar
**listen** dengar, mendengar
**listen to** dengarkan, mendengarkan
**literature** sastra, kesusastraan
**little (not much)** sedikit
**little (small)** kecil
**live (stay in a place)** tinggal, berdiam
**live (be alive)** hidup
**liver** hati
**load** muatan
**load up, to** muat, memuat

**lock** kunci
**lock, to** mengunci
**locked** terkunci, dikunci
**lodge, small hotel** losmen, penginapan
**lonely** kesepian
**long (time)** lama
**long (length)** panjang
**look after, to** mengawasi, menjaga
**look for, to** cari, mencari
**look out!** awas!
**look, see** lihat, melihat
**lose money, to** rugi
**lose something, to** hilang, kehilangan
**lose, be defeated** kalah
**lost (of things)** hilang
**lost (to lose one's way)** menyasar, kesasar
**love** cinta, rasa sayang
**love, to** mencintai
**low** rendah
**loyal** setia
**luck** untung
**luggage** kopor, bagasi

**M**

**madam** nyonya
**magazine** majalah
**make, to** buat, membuat; bikin, membikin
**male** laki-laki

**man** pria, orang
**manufacture, to** buatkan, produksikan
**many, much** banyak
**map** peta
**March** maret
**marijuana** ganja
**market** pasar
**market, to** pasarkan, memasarkan
**married** kawin, nikah
**marry, get married** menikah
**mask** topeng
**massage** pijat, massage
**massage, to** memijat
**mat** tikar
**material, ingredient** bahan
**matter, issue** soal, hal
**mattress** kasur
**May** mei
**may** boleh
**maybe** mungkin
**me** saya
**mean (to intend to)** bermaksud
**mean (cruel)** kejam, bengis
**mean, to** berarti
**meaning** arti, maksud
**measure, to** ukur, mengukur
**measurement** ukuran
**meat** daging
**meatball** bakso

**medicine** obat

**meet, to** bertemu, ketemu, jumpa, berjumpa, menjumpai

**meeting** pertemuan, rapat

**member** anggota

**memories** kenang-kenangan

**mention, to** menyebutkan

**mentioned** tersebut

**menu** daftar makanan

**mercy** ampun

**merely** cuma, hanya

**message** pesan

**metal** logam, besi

**method** cara

**meticulous** teliti

**middle, center** tengah

**middle, be in the middle of** sedang

**milk** susu

**million** juta

**mirror** kaca, cermin

**mix, mixed** campur

**modest, simple** sederhana

**moment (in a moment, just a moment)** sebentar

**moment (instant)** saat

**Monday** Senin

**money** uang, duit

**monkey** monyet, kera

**month, moon** bulan

**monument** tugu

**moon, month** bulan

**more (comparative quality)** lebih

**more of (things)** lagi, lebih banyak

**morning** pagi

**mosque** mesjid

**mosquito netting** kelambu

**mosquito** nyamuk

**most (the most of)** paling banyak, terbanyak

**most (superlative)** paling

**most, at most** paling-paling

**mother** ibu

**mother-in-law** mertua

**motorcycle** motor, sepeda motor

**mountain** gunung

**mouse, rat** tikus

**moustache** kumis

**mouth** mulut

**move from one place to another** pindah, memindahkan

**move, to** gerak, bergerak

**movement, motion** gerakan

**movie theater** bioskop

**much, many** banyak

**mushroom** jamur

**must** harus, mesti

**mutton** daging kambing

**mutual, mutually** saling

**my, mine** saya, saya punya

# N

**nail (fingernail)** kuku
**nail (spike)** paku
**naked** telanjang
**name** nama
**narrow** sempit
**nation, country** negeri
**nation, people** bangsa
**national** negara
**nationality** kebangsaan
**natural** alamiah
**nature** alam
**naughty** nakal
**nearby** dekat
**neat, orderly** rapi, teratur
**necessary, must** harus,
    mesti
**neck** leher
**need** keperluan, kebutuhan
**need, to** perlu, butuh
**needle** jarum
**neighbor** tetangga
**nephew, niece** keponakan
**nest** sarang
**net** jaring
**network** jaringan
**never** tidak pernah
**new** baru
**news** kabar, khabar
**newspaper** surat kabar,
    koran
**next (in line, sequence)**
    berikut

**next to** di samping,
    di sebelah
**niece, nephew** keponakan
**night** malam
**nightly** tiap malam
**nine** sembilan
**no, not (of nouns)** bukan
**no, not (of verbs and
    adjectives)** tidak
**noise** bunyi
**noisy** bising
**non-stop** langsung
**nonsense** omong kosong
**noodles** mie
**noon** siang
**normal** biasa
**normally** biasanya
**north** utara
**nose** hidung
**not** tidak, bukan
**not yet** belum
**note down, to** mencatat
**notes** catatan
**novels** roman
**November** nopember
**now** sekarang
**nude** telanjang
**number** nomor

# O

**o'clock** jam
**obey, to** turut, menurut
**occupation** pekerjaan

**ocean** laut, samudra
**October** oktober
**odor, bad smell** bau
**of, from** dari
**off, turn off** mematikan
**off, turned off** mati
**office** kantor
**official, formal** resmi
**officials (government)**
  pejabat
**often** sering
**oil** minyak
**old (of persons)** tua
**old (of things)** lama, tua
**older brother, sister** kakak
**on (of dates)** pada
**on time** pada waktu
**on, at** di
**on, turn on** hidupkan,
  nyalakan, jalankan
**on, turned on** nyala,
  hidup, jalan
**once** sekali
**one** satu, se-
**one who, the one which**
  yang
**onion** bawang
**only** saja, cuma, hanya
**open** buka, terbuka
**open, to** membuka
**opponent** pelawan
**opportunity** kesempatan
**oppose, to** melawan
**opposed, in opposition**

  berlawanan, bertentangan
**or** atau
**orange, citrus** jeruk
**order (command)** perintah
**order (placed for food,
  goods)** pesanan
**order (sequence)** urutan
**order something, to** pesan
**order, to be in sequence**
  urut, berurut
**order, to command**
  perintah, memerintah
**orderly, organized**
  teratur, rapi
**organize, arrange**
  mengatur, mengurus,
  menyelenggarakan
**origin** asal
**original** asli
**originate, come from**
  berasal dari
**other** lain
**out** luar
**out, go out** keluar
**outside** luar, di luar
**over, finished** selesai
**over, to turn** balik
**overcast, cloudy** mendung
**overcome, to** mengatasi
**overseas** luar negeri
**overturned** terbalik
**own, to** memiliki,
  mempunyai
**oyster** tiram

# P

**pack, to** membungkus

**package** bungkus, paket

**paid** lunas

**painful** sakit

**paint** cat

**paint, to (a painting)** melukis

**paint, to (houses, furniture)** cat, mengecat

**painting** lukisan

**pair of, a** sepasang

**palace (Balinese)** puri

**palace (Javanese)** kraton

**panorama** pemandangan

**pants** celana

**paper** kertas

**parcel** paket

**pardon me? what did you say?** kenapa?

**parents** orang tua

**part** bagian

**participate** ikut, mengikuti

**particularly, especially** khususnya

**party** pesta

**pass away, die** meninggal

**passenger** penumpang

**past** lewat, melalui

**patient (calm)** sabar

**patient (doctor's)** pasien

**pay, to** bayar, membayar

**payment** pembayaran

**peace** perdamaian

**peaceful** damai

**peak, summit** puncak

**peanut** kacang tanah

**peel, to** kupas, mengupas

**penetrate, to** tembus, menembus

**people** rakyat

**pepper, black** merica, lada

**pepper, chili** lombok, cabe

**percent, percentage** persen

**performance** pertunjukan

**perhaps, maybe** mungkin

**perhaps, probably** barangkali

**period (end of a sentence)** detik

**period (of time)** jangka waktu, masa waktu

**permanent** tetap

**permit, license** ijin

**permit, to allow** mengijinkan

**person** orang

**personality** watak

**pharmacy** apotik

**pick up, to (someone)** jemput, menjemput

**pick up, lift (something)** angkat, mengangkat

**pick, choose** pilih, memilih

**pickpocket** pencopet

**pickpocket, to** copet, mencopet

**piece, portion, section** bagian

**pierce, penetrate** tembus, menembus

**pig, pork** babi

**pillow** bantal

**pineapple** nanas

**pity! what a pity!** sayang!

**place** tempat

**place, put** taruh, tempatkan, menempatkan

**plan** rencana

**plan, to** merencanakan

**plant** tanaman

**plant, to** tanam

**plate** piring

**play around** main-main

**play, to** main, memain

**please (go ahead)** silahkan, mari

**please (request for help)** tolong

**please (request for something)** minta

**pocket** kantong, saku

**point (in time)** saat

**point out, to** menunjuk

**point, dot** detik

**poison, poisonous** racun

**police** polisi

**pond** telaga

**pool** kolam

**poor** miskin

**pork, pig** babi

**porpoise** lumba-lumba

**possible** mungkin

**post, column** tiang

**postpone, to** tunda, menunda

**postponed, delayed** tertunda, ditunda

**potato** kentang

**pour, to** tuangkan, menuangkan

**power** kuasa, kekuasaan, kekuatan

**powerful** berkuasa, kuat

**practice** latihan

**practice, to** berlatih, melatih

**prawn** udang

**pray, to** berdoa, sembahyang

**prayer** doa

**pregnant** hamil

**prejudice** prasangka

**prepare, to make ready** siapkan

**prepared, ready** siap

**prescription** resep

**present moment, at the** pada saat ini, sekarang

**presently, nowadays** sekarang, kini

**press, journalism** pers

**press, to** tekan, menekan

**pressure** tekanan

**pretty (of places, things)** indah

**pretty (of women)** cantik
**pretty, very** agak, sangat
**price** harga
**priest** pendeta
**print** cetak
**private** pribadi
**probably** barangkali
**problem** masalah
**produce** buat, mengha-
silkan, memproduksikan
**profit, luck** untung
**program, schedule** acara
**promise, to** janji, berjanji
**proof** bukti
**prove, to** membuktikan
**public** umum
**publish, to** menerbitkan
**pull, to** tarik, menarik
**pump** pompa
**pure** sempurna
**purse** tas
**push, to** dorong, mendorong
**put into, inside**
masukkan, memasukkan
**put together, to** pasang,
memasang
**put, to place** taruh,
menaruh

**Q**

**quarter** seperempat
**queen** ratu
**question** pertanyaan

**question, to** tanyakan,
menanyakan
**queue up** antre
**quiet** sepi
**quite** agak

**R**

**rain** hujan
**rain, to** hujan
**raise, lift** angkat
**rank, station in life** pangkat
**ranking** urutan
**rare (scarce)** langka
**rare (uncooked)** mentah
**rarely, seldom** jarang
**rat** tikus
**rate of exchange (for
foreign currency)** kurs
**rate, tarif** tarip, ongkos
**rather** agak
**rather than** daripada
**raw, uncooked, rare**
mentah
**ray** sinar
**reach** sampai, mencapai
**react, to** menanggapi
**reaction, response**
tanggapan
**read** baca, membaca
**ready** siap
**ready, to get** bersiap
**ready, to make** siapkan,
menyiapkan

**realize, be aware of** sadari, menyadari

**really!** sungguh!

**rear, tail** buntut

**receive** terima, menerima

**recipe** resep

**recognize, to** kenal, mengenal

**recovered, cured** sembuh

**red** merah

**reduce, to** kurangi, mengurangi

**refined** alus, halus

**reflect, to** mencerminkan

**refuse, to** tolak, menolak

**regarding** terhadap, mengenai

**region** daerah

**register, to** daftar, mendaftar

**registered post** pos tercatat

**registered** terdaftar

**regret, to** menyesal

**regular, normal** biasa

**relax** santai, bersantai

**release, to** lepas, melepaskan

**released** terlepas, dilepas

**religion** agama

**remainder, leftover** sisa

**remains (historical)** peninggalan

**remember, to** ingat

**remembrances** kenang-kenangan

**remind, to** mengingatkan

**rent, to** sewa, menyewa

**rent out, to** sewakan, menyewakan

**repair, to** membetulkan, memperbaiki

**repaired** betul, baik

**repeat, to** ulang, mengulangi

**reply, response** balasan, jawaban

**reply, to (in writing or deeds)** membalas

**reply, to (verbally)** menjawab

**report** laporan

**report, to** lapor, melapor

**request, to (formally)** mohon, memohon

**request, to (informally)** minta

**research** penelitian

**research, to** selidiki, menyelidiki

**reservation** reservasi, pesanan

**reserve, for animals** cagar alam

**reserve, to ask for in advance** pesan dulu

**resident, inhabitant** penduduk

**resolve, to (a problem)** mengatasi, memberskan

**respect** hormat

**respect, to** menghormati
**respond, react** menanggapi
**response, reaction** tanggapan
**responsibility** kewajiban
**responsible, to be** bertanggung jawab
**rest, relax** istirahat
**restrain, to** tahan, tahankan
**restroom** kamar kecil
**result** akibat, hasil
**resulting from, as a result of** disebabkan oleh, karena
**return home, to** pulang
**return (to give back)** mengembalikan
**return (go back)** kembali, balik
**reverse, back up** mundur
**reversed, backwards** terbalik
**rice (cooked)** nasi
**rice (plant)** padi
**rice (uncooked grains)** beras
**ricefields** sawah
**rich** kaya
**rid, get rid of** membuang, menghilangkan
**ride, mount, climb** naik
**right, correct** betul, benar
**right-hand side** kanan
**rights** hak
**ring** cincin

**ripe** matang, masak
**river** kali, sungai
**road** jalan
**roast, grill** panggang
**roasted, grilled, toasted** bakar, panggang
**role** peranan
**room** kamar
**root** akar
**rope** tali
**rotten** busuk
**rough** kasar
**run, to** lari

# S

**sacred** keramat
**sacrifice** korban
**sacrifice, to** mengorbankan
**sad** sedih
**safe** selamat
**sail** layar
**sail, to** berlayar
**salary** gaji
**sale** penjualan
**sale (at reduced prices)** obral
**salt** garam
**salty** asin
**same** sama
**sample** contoh
**sand** pasir
**satisfied** puas
**satisfy, to** memuaskan

**Saturday** Sabtu
**sauce** saos
**sauce (chili)** sambal
**save money, to** menghemat
**save, keep** simpan
**say, to** berkata, mengatakan
**scarce** langka
**schedule** jadwal
**school** sekolah
**science** ilmu pengetahuan
**scissors** gunting
**scrub, to** gosok, menggosok
**sculpt, to** pahat, memahat
**sculpture** patung
**sea** laut
**search for, to** cari, mencari
**season** musim
**seat** tempat duduk
**second** kedua
**secret** rahasia
**secret, to keep a** rahasiakan
**secretary** sekretaris
**secure, safe** aman, selamat
**see, to (also observe, visit, read)** lihat, melihat
**seed** biji
**seek, to** cari, mencari
**select, to** pilih, memilih
**self** diri, sendiri
**sell, to** jual, menjual
**send, to** kirim, mengirim
**sentence** kalimat
**separate, to** pisah, memisahkan
**September** september
**sequence, order** urutan
**serious (not funny)** serius
**serious, severe (of problems, illnesses, etc.)** parah
**servant** pelayan, pembantu
**serve, to** melayani
**service** pelayanan, service
**seven** tujuh
**severe (of problems, illnesses, etc.)** parah
**sew, to** jahit, menjahit
**sex, gender** kelamin
**shack** pondok, gubug
**shadow** bayang
**shadow play** wayang kulit
**shake, to (intransitive)** goyang, bergoyang
**shake something, to (transitive)** kocok, mengocok
**shall, will** akan
**shape** bentuk
**shape, to form** membentuk
**sharp** tajam
**shatter, to** pecahkan, memecahkan
**shattered** pecah
**shave, to** cukur, mencukur
**she** dia
**sheep** domba
**ship** kapal

**shirt** baju, kemeja
**shit** berak
**shoes** sepatu
**shop, store** toko
**shop, go shopping** belanja, berbelanja
**short (concise)** ringkas, pendek
**short (not tall)** pendek
**short time, a moment** sebentar
**shoulder** bahu
**shout, to** teriak, berteriak
**show, broadcast** siaran
**show, live performance** pertunjukan
**show, to** menunjukkan, memperlihatkan
**shrimp, prawn** udang
**shut** tutup, menutupi
**sick** sakit
**side** samping
**sign, symbol** syarat
**sign, to** tanda tangani, menanda tangani
**signature** tanda tangan
**signboard** papan, reklame
**silent, quiet** diam, sepi
**silk** sutera
**silver** perak
**simple (easy)** gampang, mudah
**simple (uncomplicated, modest)** sederhana

**since** sejak
**sinews** urat
**sing, to** nyanyi, bernyani
**sir** tuan
**sister** saudara
**sister-in-law** ipar
**sit down, to** duduk
**six** enam
**sixteen** enam belas
**sixty** enam puluh
**size** ukuran, kebesaran
**skewer** tusuk
**skin** kulit
**sky** langit
**sleep, to** tidur
**sleepy** ngantuk
**slow** pelan, lambat
**slowly** pelan-pelan
**small** kecil
**smart** pandai, pintar
**smell, bad odor** bau
**smell, to** cium, mencium
**smile, to** senyum, bersenyum
**smoke** asap
**smoke, to (tobacco)** rokok, merokok
**smooth (to go smoothly)** lancar
**smooth (of surfaces)** rata
**smuggle, to** selundupi, menyelundupi
**snake** ular

**snow** salju
**snowpeas** kapri
**so that** agar, supaya
**so very** begitu
**soap** sabun
**socks** kaus kaki
**soft** empuk, lunak
**sold out** habis
**sold** terjual, laku
**sole, only** tunggal,
   satu-satunya
**solve, to (a problem)**
   menyelesaikan,
   membereskan
**solved, resolved** beres,
   selesai
**some** beberapa
**sometimes** kadang-kadang
**son** anak laki-laki
**son-in-law** menantu
**song** lagu
**soon** segera
**sorry, to feel regretful**
   menyesal
**sorry!** maaf!
**soul** jiwa
**sound** bunyi
**soup (clear)** sop, kuah
**soup (spicey stew)** soto
**sour** asam, kecut
**source** sumber
**south** selatan
**soy sauce (salty)** kecap asin
**soy sauce (sweet)** kecap

manis
**space** tempat
**spacious** luas, lapang
**speak, to** bicara, omong
**special** khusus, istimewa
**speech** pidato
**speed** kecepatan, laju
**spend, to** keluarkan,
   mengeluarkan
**spices** rempah-rempah
**spinach** bayam, kangkong
**spirit** semangat, nyawa
**spoiled (does not work)**
   rusak
**spoiled (of food)** busuk
**spoon** sendok
**spray, to** semprot,
   menyemprot
**spring** mata air, sumber
**square (shape)** persegi
**square, town square**
   alun-alun, padang
**squid** cumi-cumi, sotong
**stamp (ink)** cap
**stamp (postage)** perangko
**stand up, to** berdiri
**star** bintang
**start, to** mulai, memulai
**startled** terkejut
**startling** mengejutkan
**statue** patung
**stay overnight, to** menginap
**stay, to** tinggal, berdiam

**steal, to** curi, mencuri
**steam** uap
**steamed** kukus
**steel** baja
**step** langkah
**steps, stairs** tangga
**stick out, to** tonjol, menonjol
**stick, pole** batang
**stick to, to** melekat, menempel
**sticky** lengket
**stiff** kaku
**still** masih
**stink, to** bau, berbau
**stomach, belly** perut
**stone** batu
**stop by, to pay a visit** mampir
**stop, to** berhenti, stop
**store** toko
**store, to** simpan, menyimpan
**story (of a building)** lantai, tingkat
**story (tale)** cerita
**straight (not crooked)** lurus
**straight ahead** terus, lurus
**strait** selat
**street** jalan
**strength** kekuatan
**strict** ketat
**strike, to go on** mogok kerja
**strike, hit** pukul, memukul

**string** tali
**strong** kuat
**struck, hit** kena
**stubborn, determined** nekad, ngotot
**study, learn** belajar
**stupid** bodoh
**style** gaya
**submerged, drowned** tenggelam
**succeed, to** berhasil
**success** keberhasilan
**suddenly** tiba-tiba
**suffer, to** sengsara
**suffering** kesengsaraan
**sugar** gula
**sugarcane** tebu
**suggest** mengusul, sarankan
**suggestion** usul, saran
**suitable, fitting, compatible** cocok
**suitcase** kopor
**summit, peak** puncak
**sun** matahari
**Sunday** Minggu, Ahad
**sunlight** sinar matahari
**supermarket** toko waserba, supermarket
**suppose, to** kira, mengira
**sure** pasti
**surf** ombak
**surface** permukaan
**surprised** heran

**surprising** mengherankan
**suspect, to** mencuriga, menduga, menyangka
**suspicion** kecurigaan
**sweat** keringat
**sweep, to** sapu, menyapu
**sweet** manis
**swim, to** berenang
**swimming pool** kolam renang
**swimming suit** pakaian renang
**swing, to** goyang, bergoyang
**switch on, turn on** pasang, memasang, nyalakan, hidupkan
**switch, change** ganti, mengganti

# T

**t-shirt** kaus
**table** meja
**tail** ekor, buntut
**take** ambil, mengambil
**tall** tinggi
**taste** rasa
**tasty** enak
**tea** teh
**teach, to** ajar, mengajar
**teacher** guru
**team** regu
**teen** belas

**teeth** gigi
**tell, to (a story)** menceritakan
**tell, to (let know)** beritahu, kasih tahu
**temple (ancient)** candi
**temple (Balinese-Hindu)** pura
**temple (Chinese)** klenteng
**temple (Indian)** kuil
**temporary, temporarily** sementara
**ten** sepuluh
**tendon** urat
**tens of, multiples of ten** puluhan
**tense** tegang
**test** ujian
**test, to** uji, menguji
**than** daripada
**thank you** terima kasih
**that (introducing a quotation)** bahwa
**that, those** itu
**that, which, the one who** yang
**theater, cinema** bioskop
**their, theirs** mereka punya
**then** lalu, kemudian, lantas
**there** di sana, di situ
**they, them** mereka
**thick (of liquids)** kental
**thick (of things)** tebal

**thief** pencuri
**thin (of liquids)** encer
**thin (of persons)** kurus
**thing** barang, benda
**think, to** pikir, berpikir
**third** ketiga
**thirsty** haus
**thirteen** tiga belas
**this, these** ini
**thoughts** pikiran
**thousand** ribu
**thread** benang
**three** tiga
**through, past** lewat, melalui
**throw out, throw away** buang
**thunder** gemuruh
**Thursday** Kamis
**thus, so** begini, begitu, demikian
**ticket** karcis
**ticket window** loket
**tie, necktie** dasi
**tie, to** tali, mengikat
**tiger** macan
**time to time, once in awhile** sewaktu-waktu
**time** waktu
**times** kali
**tip (end)** ujung
**tip (gratuity)** hadiah, persen
**tired (sleepy)** ngantuk

**tired (worn out)** capai
**title (of books, films)** judul
**title (of persons)** gelar
**to, toward (a person)** kepada
**to, toward (a place)** ke
**today** hari ini
**together** bersama-sama, sekalian
**toilet** kamar kecil
**tomato** tomat
**tomorrow** besok
**tongue** lidah
**tonight** nanti malam
**too (also)** juga
**too (excessive)** terlalu
**too bad!** sayang!
**too much** terlalu banyak
**tool, utensil, instrument** alat
**tooth** gigi
**top** atas
**touch, to** sentuh, menyentuh
**towards** menuju
**towel** handuk
**tower** menara
**town** kota
**trade, business** perdagangan
**trade, to exchange** tukar, menukar
**train** kereta api
**train station** setasiun

**tree** pohon
**tribe** suku
**trouble** kesusahan
**trouble, to** mengganggu, merepotkan
**troublesome** susah, repot
**true** benar, betul
**truly** bersungguh-sungguh
**try** coba, mencoba
**Tuesday** Selasa
**turn around** putar, berputar
**turn off, to** mematikan
**turn on, to** nyalakan, pasang
**turn, make a turn** belok, membelok
**turtle (land)** kura-kura
**turtle (sea)** penyu
**twelve** dua belas
**twenty** dua puluh
**two** dua
**type, sort** macam, jenis

# U

**ugly** jelek
**umbrella** payung
**uncle** paman, om
**uncooked** mentah
**under** di bawah
**understand, to** mengerti
**underwear** pakaian dalam
**university** universitas

**unneccessary** tidak usah, tidak perlu
**unripe, young** muda
**until** sampai
**upside down** terbalik
**upstairs** atas, di atas
**urge, to push for** mendesak
**urinate, to** kencing, buang air kecil
**use, to** pakai, memakai, gunakan, menggunakan
**useful, to be** guna, berguna
**useless** tidak berguna, sia-sia
**usual** biasa
**usually** biasanya, pada umumnya

# V

**vaccination** suntik
**valid** laku, berlaku
**value** harga
**value, to** hargai, menghargai
**vegetable** sayur
**vegetables** sayuran
**very, extremely** sangat, sekali
**via** melalui, lewat
**view, panorama** pemandangan
**view, to look at** memandang

**village** kampung, desa
**vinegar** cuka
**visit** kunjungan
**visit, to pay a** berkunjung ke, mengunjungi
**voice** suara
**volcano** gunung api
**vomit, to** muntah

# W

**wages** gaji
**wait for, to** tunggu, menunggu
**waiter, waitress** pelayan
**wake someone up** membangunkan
**wake up** bangun, membangun
**walk** jalan, berjalan
**wall** tembok, dinding
· **wallet** dompet
**want, to** mau
**war, battle** perang
**war, to make** berperang
**warm** hangat
**warn, to** memberi teguran
**warning** teguran
**wash** cuci, mencuci
**watch (wristwatch)** jam tangan
**watch over, guard** mengawasi, menjaga
**watch, to (a show or movie)** menonton
**watch, look, see** lihat, melihat
**water** air
**water buffalo** kerbau
**waterfall** air terjun
**watermelon** semangka
**wave** ombak
**wax** lilin
**way of, by** melalui
**way, method** cara
**we (excludes the one addressed)** kami
**we (includes the one addressed)** kita
**weak** lemah
**weapon** senjata
**wear, to** pakai, memakai
**weary** capai, lelah
**weather** cuaca
**weave, to** tenun, menenun
**weaving** tenunan
**Wednesday** Rabu
**week** minggu
**weekly** tiap minggu
**weigh, to** timbang
**weight** berat
**welcome, to** sambut, menyambut
**welcome, you're welcome!** sama-sama! kembali!
**well (for water)** sumur
**well, good** baik

**well-cooked, ripe, well-done** matang
**west** barat
**westerner** orang barat
**wet** basah
**what?** apa?
**wheel** roda
**when, at the time** waktu
**when?** kapan?
**where to?** ke mana?
**where?** mana?
**while ago** tadi
**while, awhile** sebentar
**while, during** sambil
**white** putih
**who?** siapa?
**whole, all of** seluruh
**whole, to be complete** utuh
**why?** kenapa?
**wicked** jahat
**wide, width** lebar
**widow** janda
**wife** isteri
**will, shall** mau, akan
**win, to** menang
**wind, breeze** angin
**window** jendela
**wine** anggur
**wing** sayap
**winner** pemenang, juara
**wire** kawat
**with** dengan, sama, beserta

**without** tanpa
**witness** saksi
**witness, to** saksikan, menyaksikan
**woman** perempuan
**wood** kayu
**word** kata
**work on** mengerjakan
**work, occupation** pekerjaan
**work, to function** jalan, berjalan
**work, to** kerja, bekerja
**world** dunia
**worry, to** kuatir, menguatir
**wrap, to** membungkus
**write, to** tulis, menulis, karang, mengarang
**writer** pengarang
**wrong, false** salah

## Y

**yawn** ngantuk
**year** tahun
**yell, to** teriak, berteriak
**yellow** kuning
**yes** ya
**yesterday** kemarin
**yet, not yet** belum
**you (familiar)** saudara, engkau, kamu
**you (female)** ibu

**you (male)** bapak
**you're welcome!** kembali,
  sama-sama
**young, unripe** muda
**younger brother or sister**
  adik
**youth (state of being**
  **young)** peremajaan
**youth (young person)**
  remaja

## Z

**zero** nul, kosong
**zoo** kebun binatang

# Indonesian-English Dictionary

**A**

**abang** older brother
**abu-abu** gray
**acara** program
**ada** to be, have, exist
**adat** custom, tradition, culture
**adik** younger brother or sister
**agak** rather
**agama** religion
**agar** in order that, so that
**agen** agent
**ahli** expert
**air** water
**air matang** boiled water
**air minum** drinking water
**air panas** hot spring
**air terjun** waterfall
**ajak** to ask along, invite
**ajar, mengajar** to teach
**akan** shall, will
**akar** root

**akhir** last, end
**akibat** result
**aku** I (informal)
**akui, mengakui** to admit, confess
**alam** nature
**alamat** address
**alat** tool, utensil, instrument
**alun-alun** town square
**alus** refined
**aman** secure, safe
**ambil, mengambil** to take
**ampun** forgiveness, mercy
**ampuni, mengampuni** to forgive
**anak** child
**anak laki-laki** son
**anak perempuan** daughter
**anda** you (formal)
**anggota** member
**anggur** grape, wine
**angin** wind

**angkat, mengangkat** to lift, raise up

**anjing** dog

**antar, mengantar** to guide, lead

**antara** among, between

**antre** to stand in line, queue up

**apa kabar?** how are you?

**apa?** what?

**apel** apple

**api** fire

**apotik** pharmacy

**arah** direction

**arti, berarti** meaning; to mean

**asal, berasal** origin; to originate

**asam** sour

**asap** smoke

**asin** salty

**asing** foreign

**asli** indigenous, original

**atas** above, upstairs

**atau** or

**atur, mengatur** to arrange, organize

**awas!** be careful! look out!

**ayah** father

**ayam** chicken

**ayo** come on, let's go

**B**

**babi** pork

**baca, membaca** to read

**badan** body

**bagaimana?** how?

**bagasi** baggage

**bagi** to divide, share

**bagus** good

**bahagia** happy

**bahan** material, ingredient

**bahasa** language

**bahaya** danger, dangerous

**bahu** shoulder

**bahwa** that (introduces a quotation or a subordinate clause)

**baik** good

**bajaj** three-wheeled minicar

**baju** shirt

**bakar, membakar** to burn; roasted, toasted (of food)

**bakso** meatball

**balas, membalas** to answer (a letter)

**balasan** a reply

**balik** to turn over, go back

**banding, dibanding** compared to

**bandingkan, membandingkan** to compare to

**bangsa** nationality, people

**bangun, membangun** awaken; to build

**banjir** to be flooded, flood
**bantal** pillow
**bantu, membantu** to help
**banyak** many, much
**bapak** father
**barang** thing, item
**barangkali** probably, perhaps
**barat** west
**baru** new, just now
**basah** wet
**batal, membatalkan** to cancel
**batang** stick, pole
**batas** edge, boundary
**batu** stone
**batuk** cough
**bau** smell, odor (bad)
**bawa, membawa** to carry
**bawah** below, downstairs
**bawang** onion
**bawang putih** garlic
**bayam** spinach
**bayang** shadow
**bayangkan, membayangkan** to imagine
**bayar, membayar** to pay
**bea cukai** customs duty
**bebas** free, unrestrained
**bebek** duck
**beberapa** some
**becak** pedicab
**beda, berbeda** to differ; difference; to be different
**begini** thus, so, like this
**begitu** thus, so, like that
**bekerja** to work
**belajar** to study
**belakang** behind
**belanja** to shop, go shopping
**belas** teen
**beli, membeli** to buy
**belok** to turn
**belum** not yet
**bemo** jitney, minivan, pickup
**benang** thread
**benar** true
**bendera** flag
**bengkel** garage (for repairs)
**benteng** fortress
**bentuk, membentuk** shape; to form
**berak** shit, to defecate
**berangkat** to depart
**berani** brave
**berapa?** how many? how much?
**beras** uncooked rice
**berat** heavy
**berdiri** to stand up
**beres** solved, arranged, okay
**bereskan, membereskan** to solve, arrange

**berhenti** to stop
**beri, memberi** to give
**berikut** next, following
**berikutnya** the next, the following
**berita** news
**berkembang** to develop, expand
**bersih** clean
**bersihkan, membersihkan** to clean
**berubah** to change
**besar** big
**besarkan, membesarkan** to enlarge
**beserta** together with
**besi** metal, iron
**besok** tomorrow
**betul** true, repaired
**betulkan, membetulkan** to repair, fix
**biar!** forget about it!
**biarkan, membiarkan** to allow, let alone, leave be
**biasa** usual, regular, normal
**bibi** aunt
**bicara, berbicara** to speak
**biji** seed
**bikin, membikin** to do, make
**bilang** to say, count
**binatang** animal

**bintang** star
**bioskop** movie theater
**biru** blue
**bis** bus
**bisa** to be able to, can
**blus** blouse
**bodoh** stupid
**bola** ball
**boleh** to be allowed to, may
**bon** bill
**bongkar** to break apart, unpack, disassemble
**borong, memborong** to buy up
**bosan** to be bored
**bosankan, membosankan** to bore
**buah** fruit, piece
**buang, membuang** to cast out, throw away
**buang air besar** defecate
**buang air kecil** urinate
**buat, berbuat, membuat** for, do, make
**bubur** porridge
**budaya** culture
**buka, membuka** to open
**bukan** not, none
**bukit** hill
**bukti** proof
**buktikan, membuktikan** to prove

**buku** book

**bulan** month, moon

**bumi** the earth

**buncis** green beans

**bunga** flower

**bungkus** to wrap; a package

**buntut** rear, tail

**bunuh, membunuh** to kill

**bunyi, berbunyi** a sound; to make noise

**burung** bird

**busuk** rotten

# C

**cabai, cabe** chili pepper

**cabang** branch

**cacat** defect, handicap

**cagar alam** nature reserve

**cahaya** rays

**caisin** Chinese cabbage

**cakap** to speak; handsome, pretty

**campur** mixed; to mix

**candi** ancient temple, ruins

**cangkir** cup

**cantik** beautiful (of women)

**cantumkan** to mention, include (in writing)

**cap** brand

**capai, mencapai** to reach, attain

**capai, cape** tired, weary

**cara** way

**cari, mencari** to look for

**cat** paint

**catat, mencatat** to note down

**catatan** notes

**catur** chess

**celaka** bad luck, an accident, disaster

**celana** pants

**cemburu** jealous

**cepat** fast

**cerah** clear (of weather)

**cerai** divorced

**cerdik** clever

**cerita** story

**cermin, mencerminkan** mirror; to reflect

**cetak, mencetak** to print; to score (a goal)

**cincin** ring (jewelry)

**cinta, mencintai** love; to love

**cita-cita** goal, ideal

**cium, mencium** to kiss

**coba, mencoba** to try, to try on

**cocok** to fit, be suitable, match

**coklat** brown

**contoh** sample, example

**copet** to pickpocket; a pickpocket

**cuaca** weather

**cuci, mencuci** to wash, develop (of film)

**cuka** vinegar

**cukup** enough

**cukur** to shave

**cuma** merely

**cumi-cumi** squid

**curi, mencuri** to steal

**curiga** to suspect

## D

**dada** chest

**daerah** region, district

**daftar** to register; a list

**dagang** business

**daging** meat

**dalam** inside

**dalang** puppeteer

**damai** peace

**dan** and

**dana** funds

**danau** lake

**dapat, mendapat** to get, reach, attain, find, succeed, be able to do

**dapur** kitchen

**darah** blood

**darat, mendarat** land; to land

**dari** from, of

**daripada** than

**darurat** emergency

**dasar** basis

**datang** to arrive, come

**daun** leaf

**daya** force

**debu** dust

**dekat** near

**dekati, mendekati** to approach

**delapan** eight

**demam** fever

**demi** for

**demikian** like that

**dendeng** meat jerky

**dengan** with

**dengar, mendengar** to hear

**dengarkan, mendengar-kan** to listen to

**depan** front, next

**derajat** degrees

**desa** village

**desak** to urge, push

**dewa** god

**di** in, at, on

**di atas** on top of, above, upstairs

**di bawah** below, underneath, downstairs

**di mana?** where?

**di-** the passive form of verbs

**dia** he, she, it, him, her

**diam, berdiam** silent; to be silent

**didik, mendidik** to educate
**dilarang** to be forbidden
**dinas** (government) service
**dingin** cold
**diri, berdiri** self; stand, to stand up
**dirikan, mendirikan** to build, establish
**doa** prayer
**dokar** cart
**dompet** wallet
**dorong, mendorong** to push
**dosen** university lecturer
**dua** two
**dua belas** twelve
**dua puluh** twenty
**duduk** to sit down
**duit** money (slang)
**dulu** first, beforehand
**dunia** world
**duta** ambassador, emissary

# E

**ekor** tail
**emas** gold
**empat** four
**enak** tasty
**enam** six
**encer** thin (of liquids)

**engkau** you
**erat** closely related, connected
**es** ice
**esok hari** the following day

# G

**gabung** to join together
**gading** ivory
**gadis** girl
**gado-gado** vegetable salad with peanut sauce
**gagah** strong, dashing
**gagal** to fail
**gajah** elephant
**gaji** wages, salary
**galak** fierce
**gambar** picture, drawing, image
**gambarkan, menggambarkan** to draw; to describe
**gampang** easy
**gang** lane, alley
**ganggu, mengganggu** to disturb, bother
**gangguan** disturbance
**ganja** marijuana
**ganti, menggantikan** to change, switch
**gantung** to hang
**garam** salt
**garis** line
**garpu** fork

gaya style
gayung ladle, dipper
gedung building
gelang bracelet
gelanggang arena
gelap dark
gelar title, degree
gelas glass
gema echo
gemar to fancy, be a fan of
gembira happy, rejoicing
gemuk fat (of a person)
gerak, bergerak to move
gerakan movement
gereja church
giat active
gigi teeth
gila crazy
golongan class, category
goreng fried
gosok to scrub, brush, iron
goyang to swing, shake
gua cave
gugur wilt, fall (of leaves)
gula sugar
gulai spicy soup
guling to rotate; a bolster pillow
guna, berguna to be useful
guna-guna magical spells
gunakan, menggunakan to make use of
gunting scissors

gunung mountain
gunung api volcano
guru teacher

# H

habis gone, finished
habiskan, menghabiskan to finish off
hadapi, menghadapi to face, confront
hadiah gift
hadir to attend
hadirin attendees
hak rights
hak asasi manusia human rights
halus refined
hambat, menghambat to hinder
hambatan hindrance
hamil pregnant
hampir almost
hancur destroyed
hancurkan, menghancurkan to destroy
handuk towel
hangat warm
hantu ghost
hanya only
harap, berharap to hope
harapkan, mengharapkan to expect
harga cost

**hari** day, day of the week
**hari depan** in future
**hari ini** today
**harus** to be necessary, must
**hasil, berhasil** result; to succeed
**hasilkan, menghasilkan** to produce
**hati** heart, liver
**hati-hati!** be careful!
**haus** thirsty
**hebat** great, formidable
**hemat** economical
**hendak** to intend to
**henti, berhenti** to stop
**heran** surprised
**hidung** nose
**hidup** to live
**hijau** green
**hilang** to lose; lost
**hilangkan, menghilangkan** to get rid of
**hina, menghina** insulted; to insult
**hitam** black
**hitung** to count
**hormat** respect
**hubungan** contacts
**hubungi** to contact
**hujan** rain; to be raining
**hukum** law
**hutan** forest, jungle

**I**

**ia** he, she, it (= **dia**)
**ibu** mother
**ijin** permit, license
**ijinkan, mengijinkan** to permit
**ikan** fish
**ikat** to tie; handwoven textiles
**iklim** climate
**ikut, mengikuti** to follow along, go along
**ilmu** science, knowledge
**imbang** equal
**indah** beautiful (of things, places)
**ingat, beringat** to remember
**ingatkan, mengingatkan** to remind
**ini** this
**intan** diamond
**interlokal** long distance telephone
**inti** essence, core
**ipar** brother/sister-in-law
**iri** envious
**isap, mengisap** to inhale
**isi, mengisi** to fill
**istimewa** special
**isteri** wife
**istirahat** rest
**itu** that

# J

**jadi, menjadi** to become, happen

**jadwal** schedule

**jaga, menjaga** to guard

**jagung** corn

**jahat** wicked

**jahit, menjahit** to sew

**jalan** to walk, function; a street or road

**jalan-jalan** to go out, go walking

**jalur** lane (of a highway)

**jam** hour, o'clock

**jamin, menjamin** to guarantee, assure

**jaminan** a guarantee, assurance

**jamur** fungus, mushrooms

**janda** widow

**jangan** Do not!

**jangka** period (of time)

**janji, berjanji** to promise

**jantung** heart

**jarak** distance

**jarang** rarely

**jari** fingers

**jaring** net

**jarum** needle

**jasa** service

**jatuh** to fall

**jatuhkan, menjatuhkan** to drop

**jauh** far

**jawab, menjawab** to answer, reply

**jawaban** an answer

**jelas** clear

**jelaskan, menjelaskan** to clarify

**jelek** bad, ugly

**jembatan** bridge

**jemput, menjemput** to pick up someone

**jemur** to dry out

**jendela** window

**jenis** type, genus

**jeruk** orange, citrus

**jika** if, when

**jikalau** if, when

**jiwa** soul

**jual, menjual** to sell

**juara** champion

**judi, berjudi** to gamble

**judul** title of book, article

**juga** also

**Jumat** Friday

**jumlah** amount, total

**jumpa, berjumpa, menjumpai** to meet

**jurusan** direction

**juta** million

# K

**kabar, khabar** news

**kaca** glass, mirror

**kacamata** eyeglasses

**kacang** bean, peanut

**kacau** confused, messy

**kadang-kadang** sometimes

**kain** cloth

**kakak** older brother or sister

**kakek** grandfather

**kaki** leg, foot

**kaku** stiff

**kalah** to lose, be defeated

**kalahkan, mengalahkan** to defeat

**kalau** if, when, what about? how about?

**kali** times, occurences; river

**kalimat** sentence

**kamar** room

**kamar kecil** restroom

**kamar mandi** bathroom

**kamar tidur** bedroom

**kambing** lamb, mutton, goat, sheep

**kami** we

**Kamis** Thursday

**kampung** village, hamlet

**kamu** you

**kamus** dictionary

**kanan** right

**kangkung** a kind of spinach

**kantong** pocket

**kantor** office

**kapal** ship

**kapan?** when?

**kapas** cotton

**kapri** snowpeas

**karang, mengarang** coral; to write

**karangan** writings

**karcis** ticket

**karena** because

**kartu** card

**kasar** coarse

**kasih** to give, love

**kasur** mattress

**kata, berkata** word; to say

**kaus** t-shirt

**kaus kaki** socks

**kawan** friend

**kawat** wire

**kawin** to be married

**kaya** rich

**kayu** wood

**ke** to, towards

**kebangsaan** nationality

**kebudayaan** culture

**kebun** garden

**kebun binatang** zoo

**kebun raya** botanical gardens

**kecap (manis)** (sweet) soy sauce

**kecelakaan** accident

**kecil** small

**kecuali** except for
**kecut** sour
**kedua** second
**kegiatan** activity
**kejam** harsh, tight
**kejar, mengejar** to chase
**keju** cheese
**kejut, terkejut** surprised, startled
**kelambu** mosquito net
**kelamin** sex, gender
**kelapa** coconut
**kelenteng** Chinese temple
**keliling** around, to go around
**kelilingi, mengelilingi** to encircle, go around
**keluar** to go out, exit
**keluarkan, mengeluarkan** to spend, put out
**keluarga** family
**keluh, mengeluh** to complain
**keluhan** complaint
**kemarau** dry (of weather)
**kemarin** yesterday
**kembali** to return; you're welcome
**kembang** blossom
**kembangkan, mengembangkan** to expand
**kemudian** then, afterwards
**kena** to hit, be hit, suffer
**kenal, mengenal** to know, recognize, be acquainted
**kenangan** memories
**kenapa?** why? Pardon?
**kencing** urinate
**kental** thick (of liquids)
**kentang** potato
**kentut** to fart
**kenyang** full, having eaten enough
**kepada** to, toward (a person)
**kepala** head
**kepercayaan** beliefs, faith
**kepiting** crab
**keponakan** niece or nephew
**keputusan** decision
**kera** ape
**keramat** sacred
**keranjang** basket
**keras** hard
**kerbau** water buffalo
**kereta api** train
**keretek** clove cigaret
**kering** dry
**keringat** sweat
**kerja, bekerja** work
**kertas** paper
**kesal** annoyed, angry
**kesan** impression
**kesempatan** opportunity, chance
**ketat** strict

**ketawa** laugh
**ketemu** to find, meet
**keterangan** information
**ketiga** third
**ketuk** to knock
**khabar, kabar** news
**khusus** special
**kilat** lightning
**kini** nowadays, presently
**kipas** fan
**kipas angin** electric fan
**kira, mengira** to guess, suppose
**kira-kira** approximately
**kiri** left
**kirim, mengirim** to send
**kita** we
**klenteng** Chinese temple
**kol** cabbage
**kolam** pool
**kolam renang** swimming pool
**kontan** cash
**kopi** coffee
**kopor** suitcase
**koran** newspaper
**korban** sacrifice, victim
**kosong** empty
**kota** city, town, downtown
**kotak** box
**kotor** dirty

**kraton** Javanese palace
**kuah** broth
**kuasa** power, authority
**kuat** strong, energetic
**kuatir** afraid, to worry
**kuburan** gravesite
**kucing** cat
**kuda** horse
**kue** cake, cookie, pastry
**kuku** fingernail
**kukus** steamed
**kulit** skin, leather
**kumis** moustache
**kumpul** gather
**kunang-kunang** firefly
**kunci** key, lock
**kuning** yellow
**kunjungan** a visit
**kunjungi** to visit
**kuno** ancient
**kupas, mengupas** to peel
**kupu-kupu** butterfly
**kura-kura** turtle
**kurang** less
**kurangi, mengurangi** to reduce
**kurban** sacrifice, victim
**kurs** exchange rate
**kursi** chair
**kurus** thin

# L

**laci** drawer

**lada** pepper

**lagi** more

**lagu** song

**lahir** to be born

**lahirkan, melahirkan** to give birth

**lain** different

**laju** speed

**laki-laki** male

**laku, berlaku** sold, valid; to be valid

**lakukan, melakukan** to do

**lalu** past; then

**lama** old (of things); a long time

**lambat** slow

**lampu** light, lamp

**lancar** smooth, proficient, fluent

**langganan** customer

**langit** sky

**langka** scarce

**langkah** step

**langsung** directly, non-stop

**lantai** floor

**lantas** then

**lapang** spacious

**lapangan** field

**lapar** hungry

**lapis** layer

**lapor, melapor** to report

**laporan** a report

**larang, melarang** to forbid

**lari** run, escape

**latihan** practice

**laut** sea

**lawan** to oppose; opponent

**layan, melayani** to serve (food, etc.)

**layar, berlayar** a sail; to sail

**lebar** wide, width

**lebih** more

**lebih banyak** more of

**leher** neck

**lekat** to stick

**lemah** weak

**lembut** gentle

**lengan** arm

**lengkap** complete

**lepas** to release; released

**letak** to place

**lewat** to go through, via, past

**lidah** tongue

**lihat, melihat** to see, look (also observe, vist, or read)

**lilin** candle, wax

**lima** five

**limau** lemon

**limpah** to overflow, be overflowing

**lindungi** to protect
**lipat, melipat** to fold
**listrik** electricity
**lobang** hole
**loket** ticket window, counter
**lombok** chili pepper
**lompat, melompat** to jump
**losmen** lodge, small hotel
**luar** outside
**luar negeri** overseas
**luas** broad, spacious
**lucu** funny
**luka** injury, injured
**lukis, melukis** to paint
**lukisan** painting
**lumayan** so-so, average
**lunas** paid
**lupa** to forget; forgotten
**lupakan, melupakan** to forget about
**lurus** straight
**lusa** the day after tomorrow

## M

**ma'af!** sorry!
**mabuk** drunk
**macam** kind
**macan** tiger
**madu** honey
**mahal** expensive
**main** to play

**majalah** magazine
**maju** to advance
**makam** grave
**makan** to eat
**makanan** food
**maksud, bermaksud** meaning, intention; to mean
**malam** night
**malas** lazy
**malu** ashamed, embarrassed
**mampir** to stop by, visit
**mana** where
**mandi** to bathe
**mangkok** bowl
**manis** sweet
**marah** angry
**mari** please, go ahead, c'mon
**masa** period
**masak** to cook
**masakan** cooking, cuisine
**masalah** problem
**masih** still
**masuk** to come in, enter
**masukkan, memasukkan** to put inside
**mata** eye
**matahari** sun
**matang** well-cooked, ripe, well-done
**mati** to die, dead

**mau** to want
**me-** active verb prefix
**meja** table
**melalui** by way of, via
**memang** indeed
**menang** to win
**menantu** son/daughter-in-law
**menara** tower, lighthouse
**menarik** interesting
**mendung** cloudy
**mengerti** to understand
**meninggal** to pass away
**meninggalkan** to leave behind
**mentah** raw, uncooked, rare
**mentega** butter
**menurut** according to
**merah** red
**merdeka** freedom
**mereka** they, them
**merica** pepper
**mertua** father/mother-in-law
**mesjid** mosque
**mesti** to be necessary, must
**mewah** lavish, expensive
**mie** noodles
**miehun** rice vermicelli
**milik** to own
**milyar** billion

**mimpi** a dream; to dream
**Minggu** Sunday
**minggu** week
**minta** to ask for, request
**minum** to drink
**minuman** drink
**minyak** oil
**miskin** poor
**mobil** car, automobile
**mogok** to break down (of machines)
**mohon** to request
**motor** motorcycle
**muat** to load, carry, fit inside
**muda** young, unripe
**mudah** easy
**muka** face, across
**mulai** to start, begin
**mulut** mouth
**muncul** to appear
**mundur** to back up
**mungkin** maybe, perhaps
**muntah** to vomit
**murah** cheap
**musim** season
**musuh** enemy

# N

**naik** to ride, go up, climb
**nakal** naughty

**nama** name
**nanas** pineapple
**nanti** later
**nanti malam** tonight
**nanti sore** this afternoon
**nasi** rice
**negara** country, nation
**nekad** determined
**nenek** grandmother
**ngantuk** to be sleepy, yawn
**nginap, menginap** to stay overnight
**nikah, menikah** to be married, get married
**nilai** level
**nomor** number
**nul** zero
**nyala, bernyala** to be lit, on
**nyamuk** mosquito
**nyanyi, bernyanyi** to sing
**nyawa** life
**nyonya** madam

## O

**obat** medicine
**obral** a sale (at reduced prices)
**oleh** by
**om** uncle
**ombak** wave, surf
**omong** to speak
**omong kosong** nonsense
**ongkos** cost, expense
**orang** person, human being
**orang tua** parents

## P

**pabrik** factory
**pacar** boyfriend or girlfriend
**pada** on
**padang** field, square
**padi** rice plant
**pagi** morning
**paha** thigh
**pahat, memahat** to sculpt
**pahit** bitter
**pajak** tax
**pajang, memajang** to display
**pakai, memakai** to use, wear
**pakaian** clothing
**pakaian dalam** underwear
**paket** parcel
**paksa, memaksa** to force
**paku** nail
**paling** the most
**paling-paling** at the most
**paman** uncle
**panas** hot (temperature)
**pandai** smart
**pandang, memandang** to view

**pandangan** view, panorama

**panggang, memanggang** roasted; to roast

**panggil, memanggil** to call, summon

**pangkat** rank, station in life

**panjang** long, length

**panjangkan, memanjangkan** to extend

**pantai** beach

**parah** bad, serious (of illness, problems, etc.)

**pasang, memasang** to assemble, switch on

**pasar** a market

**pasarkan, memasarkan** to market

**pasir** sand

**pasti** sure, certain

**patah** broken (of bones, long objects)

**patung** statue

**payung** umbrella

**pecah** shattered

**pecahkan, memecahkan** to shatter, break, solve (a problem)

**pedagang** businessman

**pedas** hot (spicy)

**pegang, memegang** to hold, grasp

**pejabat** civil servant

**pekerjaan** job, occupation

**pelan** slow

**pelaut** sailor

**pelayan** servant

**pelayanan** service

**pemandangan** panoramic view

**pemerintah** government

**pemimpin** leader

**pencuri** thief

**pendek** short

**pendeta** priest

**penelitian** research

**pengarang** writer

**pengaruh** influence

**penginapan** small hotel, accommodation

**peninggalan** remains

**penjara** jail

**penjelasan** clarification

**penting** important

**penuh** full

**penuhi, memenuhi** to fulfill

**penumpang** passenger

**perahu** boat

**perak** silver

**peran** role

**perang** war

**perangko** stamp

**perbedaan** difference

**percaya** to believe, have confidence in

**perempuan** woman
**pergi** to go, to leave
**periksa, memeriksa** to examine, inspect
**perintah** to command; a command
**perjanjian** agreement
**perkembangan** development
**perlihatkan, memperlihatkan** to show
**perlu** to need
**permen** candy
**permisi!** excuse me!
**permukaan** surface
**pernah** to have already, have ever
**persen** percentage, tip
**pertama** first
**pertanyaan** question
**pertunjukan** show, performance
**perut** stomach, belly
**pesan, memesan** to order (food, etc.), an order
**pesawat** airplane, telephone extension, instrument
**pesta** party
**peta** map
**peti** crate
**pijat, memijat** a massage; to massage

**pikir, berpikir** to think
**pikiran** thoughts
**pilek** a cold, influenza
**pilih, memilih** to choose, select
**pilihan** choice
**pindah, memindah** to move
**pinjam, meminjam** to borrow
**pinjami, meminjami** to lend
**pintar** smart
**pintu** door
**pipi** cheek
**piring** plate
**pisah, memisahkan** to separate
**pisang** banana
**pisau** knife
**pohon** tree, bush
**pompa** pump
**pompa bensin** gas station
**pondok** hut, shack
**potong, memotong** to cut; a cut, slice
**pria** man
**pribadi** private
**puas** satisfied
**puaskan, memuaskan** to satisfy
**pukul, memukul** to strike
**pulang** to go back
**pulau** island

**puluh** ten, multiples of ten

**puncak** peak, summit

**punya, mempunyai** to have, own, belong to

**pura** Balinese (Hindu) temple

**puri** Balinese palace

**pusat** center

**pusing** dazed, dizzy, ill

**putar, berputar** to turn around

**putih** white

**putus** to break off

**putuskan, memutuskan** to decide

# R

**Rabu** Wednesday

**racun** poison

**ragu-ragu** to be doubtful

**rahasia** secret

**raja** king

**rajin** hardworking, industrious

**rakyat** people

**ramah** friendly, open

**ramai** busy

**rambut** hair

**rantai** chain

**rapat** a meeting; to be close together

**rapi** orderly, neat

**rasa, merasa** feeling, taste; to feel

**rata** even, level

**ratu** queen

**ratus** hundred

**raya** large, great

**rayakan, merayakan** to celebrate (a holiday)

**rebus** boiled

**rebut** to fight about, over

**regu** team

**rekan** colleague, workmate

**rekening** bill

**remaja** youth

**rempah-rempah** spices

**renang, berenang** to swim

**rencana, berencana** a plan; planned

**rencanakan, merencanakan** to plan

**rendah** low

**repot** troublesome

**repotkan, merepotkan** to trouble

**resep** prescription, recipe

**resmi** official

**resmikan, meresmikan** to inaugurate, officially open

**retak** crack, cracked

**ribu** thousand

**ringan** light

**ringkas** concise

**roda** wheel

**rok** dress

**rokok, merokok** cigaret; to smoke

**roman** novel

**roti** bread

**ruang, ruangan** room, hall, space

**rugi** to lose money

**rugikan, merugikan** to cause to lose money

**rukun** harmonious

**rumah** house, home

**rumit** complicated

**rumput** grass

**rupa** appearance

**rusa** deer

**rusak** broken

## S

**saat** moment, instant

**sabar** patient

**Sabtu** Saturday

**sabuk** belt

**sabun** soap

**sadar, menyadari** to be conscious, to realize

**sahabat** friend

**saing, bersaing** to compete

**saingan** competition

**saja** only

**sakit** sick, painful

**saksi** witness

**saksikan, menyaksikan** to witness

**sakti** sacred power

**saku** pocket

**salah** wrong, false

**salahkan, menyalahkan** to fault

**salam** greetings

**saling** mutually

**salju** snow

**sama** the same; with, using

**sama-sama** you're welcome

**sambal** chili sauce

**sambil** while

**sambung, menyambung** to connect

**sambungan** connection (telephone)

**sambut, menyambut** to receive, welcome (of persons)

**sampah** garbage

**sampai** to arrive, reach; until

**samping** side

**sampul** envelope

**sana** there

**sangat** very, extremely

**sanggup** to be capable of, willing to take on

**sangka, menyangka** suspicion; to suspect

**santai, bersantai** relax

**sapi** beef, cow

**sapu** broom

**sarang** nest
**saring** a filter; to filter
**sarung** sarong, wrap-
around skirt
**sastra** literature
**sate** barbecued meat on
skewers
**satu** one
**saudara** brother or sister
**sawah** rice paddy
**saya** I, me
**sayang** to be fond of
**sayap** wing
**sayur, sayuran** vegetables
**se-** prefix meaning one,
the same as
**sebab** because
**sebelah** next to
**sebelas** eleven
**sebelum** before
**sebentar** in a moment
**seberang** across from
**sebut, menyebut** to say
**sedang** to be in the
middle of
**sedap** delicious
**sederhana** modest, simple
**sedia** available
**sediakan, menyediakan**
to prepare, make ready
**sedih** sad
**sedikit** little, not much
**segala** every

**segar** fresh
**segera** soon
**segi** angle, side
**sehat** healthy
**seimbang** equal
**sejak** since
**sejarah** history
**sejuk** cool
**sekali** very; once, one
time
**sekarang** now
**sekolah** school
**sekretaris** secretary
**selamat** congratulations,
safe
**Selasa** Tuesday
**selat** straits
**selatan** south
**sele, selai** jam
**seledri** celery
**selendang** shoulder cloth
for holding things
**selenggarakan,**
**menyelenggarakan** to
organize
**selesai** to finish
**selidiki, menyelidiki** to
study, research
**selimut** blanket
**selisih** discrepancy
**selundup** to smuggle
**seluruh** entire, whole
**semangat** spirit

**semangka** watermelon

**sembahkan, persembahkan** to present

**sembahyang** to pray

**sembilan** nine

**sembuh** cured, recovered

**sembunyi** to hide; hidden

**sementara** temporarily

**semi** to sprout

**sempat** to have an opportunity to

**sempit** narrow

**semprot, menyemprot** to spray

**sempurna** pure, completed

**semua** all

**senang** to like, to be pleased

**sendiri** self, oneself, alone

**sendirian** by oneself, all alone

**sendok** spoon

**seni** art

**seniman** artist

**Senin** Monday

**senja** dusk

**senjata** weapon

**sentuh, menyentuh** to touch

**senyum, tersenyum** to smile

**sepatu** shoes

**sepeda** bicycle

**seperempat** one quarter

**seperti** like, as

**sepertiga** one third

**sepi** quiet

**seprei** bedsheet

**sepuluh** ten

**serba** all sorts

**sering** often

**serta, beserta** with

**sesuai dengan** adapted to, suited to

**sesuaikan, menyesesuaikan** to adapt to

**sesudah** after

**setasiun** train station

**setelah** after

**setengah** half

**setia** loyal

**sewa, menyewa** to rent

**sewakan, menyewakan** to rent out

**sia-sia** to no avail

**siang** noon

**siap, bersiap** ready

**siapkan** to make ready

**siapa?** who?

**siaran** a broadcast, program

**sibuk** busy

**sifat** characteristic

**sikap** attitude

**sikat, menyikat** a brush; to brush

**silakan, silahkan** please

**simpan, menyimpan** to keep, store

**simpang, menyimpang** to diverge from

**simpangan** intersection

**sinar** rays

**singkat** concise

**sini** here

**sisa** leftover, remainder

**sisi** side, flank

**sisir** comb

**situ** over there

**soal** matter, problem

**sop** clear soup

**sopir** driver

**sore** late afternoon

**soto** spiced soup

**suami** husband

**suara** voice

**suasana** atmosphere

**suatu** a certain

**subur** fertile

**sudah** already

**suhu** temperature

**suka, menyukai** to like

**sukar** difficult

**suku** tribe, people

**suling** flute

**sulit** difficult

**sumpit** chopsticks

**sumur** a well (for water)

**sungai** river

**sungguh** really, truly

**suntik** to inject, vaccinate

**supaya** in order that, so that

**surat** letter, document

**surat kabar** newspaper

**suruh, menyuruh** to instruct, command

**susah** difficult

**susu** milk

**susul, menyusul** to follow behind

**sutra** silk

**syarat** precondition, indication, sign

**T**

**tadi** a while ago

**tadi malam** last night

**tafsir, menafsir** to guess, to estimate

**tagih, menagih** to collect payment

**tahan** to hold back, restrain, survive

**tahu** to know; soybean curds (tofu)

**tahun** year, years

**tajam** sharp

**takut** to fear

**tali** rope, string

**taman** garden

**tamat** ended

**tambah** to add, increase

**tamu** guest

**tanah** dirt, land

**tanam, menanam** to plant, invest

**tanaman** plant

**tanda** sign, indication

**tanda tangan** signature

**tangan** hand, forearm, wrist

**tangga** stairs

**tanggal** date (of the month)

**tanggap, menanggap** to react

**tanggapan** reaction, response

**tanggung jawab** to be responsible, take responsibility

**tangis, menangis** to cry

**tangkap, menangkap** to grasp, to capture

**tanpa** without

**tantangan** challenge

**tante** aunt

**tanya, bertanya** to ask

**tari, menari** to dance

**tarian** dance

**tarik** to pull

**tarip** tariff, fare

**taruh, menaruh** to put, place

**tas** bag, purse

**tawar, menawar** to make an offer, bargain

**tebal** thick

**tebu** sugarcane

**tegang** tense

**tegur** to warn

**teguran** warning

**teh** tea

**tekan** to press

**tekanan** pressure

**telaga** pond

**telanjang** naked

**telinga** ear

**teliti** meticulous

**teluk** bay

**telur** egg

**teman** friend

**tembok** wall

**tembus, menembus** to pierce, penetrate

**tempat** place

**tempat tidur** bed

**tempe** fermented soybean cakes

**tempel, menempel** to stick

**temu, bertemu, menemui** to meet

**tenaga** power

**tenang** calm

**tengah** middle

**tenggara** southeast

**tenggelam** submerged, drowned

**tengok, menengok** to see, visit

**tentang** concerning

**tentangan, bertentangan** to be opposed, at odds

**tentara** army

**tentu** certain, certainly

**tentukan, menentukan** to fix a time, to establish

**tenun, menenun** to weave

**tenunan** weavings

**tepat** exact, exactly

**tepi** edge, fringe

**tepung** flour

**terakhir** last

**terang** light, clear, bright

**terbang, menerbang** to fly

**terbit, menerbitkan** published; to publish

**tercatat** registered (post)

**tergantung** it depends, to depend on

**terhadap** as regards, regarding, towards

**teriak** to shout

**terima** to receive

**terima kasih** thank you

**terjadi** to happen; happened

**terjun** to tumble down

**terkejut** surprised

**terlalu** too (excessive)

**terlambat** late

**terminal** bus station

**terong** eggplant, aubergine

**tersembunyi** hidden

**tertawa** to laugh

**terus** straight ahead

**teruskan, meneruskan** to continue

**tetap** fixed, permanent

**tetapi** but

**tiang** post, column

**tiap** every

**tiba** to arrive

**tiba-tiba** suddenly

**tidak** no, not

**tidak mungkin** to be impossible

**tidak usah** to be not necessary

**tidur** to sleep

**tiga** three

**tiga belas** thirteen

**tikar** mat

**tikus** mouse, rat

**timbang** to weigh

**timbangan** scale

**timbangkan, pertim-bangkan** to consider

**timbul, menimbul** to appear, emerge from

**timun** cucumber

**timur** east

**tindak, bertindak** to act

**tinggal** to depart, live, reside, stay

**tinggalkan** to leave behind

**tinggi** tall, high

**tingkat** level, story of a building

**tinjau, meninjau** to survey

**tipis** thin

**tipu, menipu** to deceive, cheat

**tiram** oysters

**titip** to deposit, leave with someone

**toko** store

**tolak, menolak** to refuse

**tolong, menolong** to help, assist

**tomat** tomato

**tonjol, menonjol** to stick out

**tonton, menonton** to watch, observe

**topeng** mask

**topi** hat

**tua** old (of persons)

**tuak** palm wine

**tuan** sir

**tuang, menuangkan** to pour

**tubuh** body

**tugas** job, duties

**tugu** monument

**tuju, menuju** towards

**tujuan** destination, goal

**tujuh** seven

**tukang** craftsman, tradesman

**tukar, menukar** to exchange

**tulang** bone

**tulis, menulis** to write

**tumbuh, bertumbuh** to grow (larger, up)

**tumbuhan** growth

**tumbuk** to pound

**tunai** cash

**tunda, ditunda** to postpone; postponed

**tunggal** single, sole

**tunggu, menunggu** to wait, wait for

**tunjuk** to point out, guide to

**tuntut, menuntut** to demand

**turun** to go down, get off

**turut** to obey

**tusuk** skewer

**tutup, menutup** to close, cover

# U

**uang** money

**uap** steam

**ubah, berubah** to change

**ucapkan, menucapkan** to express, say

**udang** shrimp, prawn

**udara** air

**uji** to test
**uji coba** to try out
**ujian** test
**ujung** tip, point, spit (of land)
**ukir, mengukir** to carve
**ukiran** carving
**ukur, mengukur** to measure
**ukuran** measurement, size
**ulang, mengulangi** to repeat
**ular** snake
**umpama** example
**umpamanya** for example
**umum** general, public
**umumnya** generally
**umur** age
**undang, mengundang** invite
**undangan** invitation
**untuk** for
**untung** profit, luck, benefit
**upacara** ceremony
**urat** sinews, tendons
**urus** to arrange
**urut** to be in sequence
**usaha** efforts, activities, to try one's best
**usir, mengusir** to chase away, out
**utama** most important, chief

**utang** debt
**utara** north
**utuh** whole, complete

# W

**waktu** when; time
**wanita** lady
**warga negara** citizen
**warna** color
**warta berita** news
**wartawan** journalist
**warung** eating stall, small restaurant
**watak** character, personality
**wayang** puppet or dance performance
**wayang kulit** shadow puppet play
**wayang orang** traditional Javanese theater
**wisma** guesthouse
**wortel** carrot

# Y

**ya** yes
**yakin** to believe
**yang** the one who, that which